눈 내리는 아침

박희영 시집

현대시에서 펴낸 박희영의 시집

그리움의 방정식(2024)

시인의 말

　잔잔하게 흐르는 강물에 나뭇잎 배를 띄우듯 시집을 세상에 보낸다. 어느 항구에서 쉬어 돛을 접고 고단한 어부의 노래가 되었으면 좋겠다. 찾는 이 없는 외로운 섬에서 닻을 내려 파도 소리 퍼 올려 따뜻하게 보듬어 주었으면 좋겠다.

　시를 쓰며 생각은 끊임없는 탈피를 통해 완성되는 것이라 믿고 밀려오는 사념의 파도를 견뎌야 했다. 쏟아지는 언어가 세상 속을 떠돌고 그 무게로 인해 괴로움을 등에 지고 살아야 하는 것이 시를 쓰는 사람이 겪는 삶의 자세라서 탈피가 아닌 우화를 꿈꾸며, 오늘도 시를 쓰지만 벗어나지 못하는 탈피의 멍에를 내려놓지 못하고 있다. 새롭지 못한 답습의 글자욱을 남긴다는 것이 얼마나 허망한가를 알기에 오늘도 고뇌한다.

　몇 편의 시를 내보이면서 읽어주는 누군가에게 신선한 공감을 불러일으켜 줄 수 있다면 좋겠다. 거창하게 철학적 배경이나 사상을 담지 않았다 해도 잔잔한 물결이라도 일렁이게 할 수 있다면 좋겠다. 나름대로 나물을 다듬듯 방망이로 주름을 펴듯 수없이 티를 고르고 다듬었어도 어디 흠결이 없겠는가마는 지그시 보아주는 사람이 있다면 행복하겠다.

2025년
박희영

차 례

● 시인의 말

제1부

수덕사 ──── 10

고향을 떠나며 ──── 12

자작나무 ──── 14

예산역 ──── 15

아들의 고향 ──── 16

귀향 ──── 18

건축물대장 직권말소 사전통지 ──── 20

탱자꽃이 필 때 ──── 22

눈 내리는 아침 ──── 24

8월의 강 ──── 26

가을이 문을 두드릴 때 ──── 28

5월이 오기 전에 ──── 30

이팝나무 아래에 서서 ──── 32

숲에서 어둠을 만났을 때 ──── 34

바닷가에 서서 ──── 35

제2부

비와 낙엽 ——— 38

찻잔을 들고 ——— 39

후회 ——— 40

첫사랑 ——— 42

문신 ——— 44

갈증 ——— 46

푸른 날개 ——— 48

늙은 일기장 ——— 50

황사 ——— 52

기다림 ——— 53

그대의 기침 ——— 54

봄이 눈을 뜰 때 ——— 55

제3부

우울증 ──── 58
백석의 시 ──── 59
돋보기를 벗고 ──── 60
개구리 ──── 61
시간 대출 ──── 62
오이꽃 ──── 63
빈 둥지 ──── 64
회초리 ──── 66
꽃대를 밀어 올릴 때 ──── 67
가을밤 안개 ──── 68
폭설 ──── 69
불난 갈대밭 ──── 70

제4부

사람이 되고 싶다 ──── 72

가을이 숨어들 때 ──── 73

겨울 고양이 ──── 74

첫눈을 기다리며 ──── 76

참을 수 없는 행복 ──── 78

눈은 아픔의 영혼이다 ──── 80

봄 감기 ──── 81

달개비꽃 ──── 82

가을 ──── 83

몽둥이 바람 ──── 84

풍선 ──── 86

봄꽃 눈물 ──── 88

박새의 봄 ──── 90

박희영의 시세계 | 서안나 ──── 91

제1부

수덕사

귀 기울이면 산짐승 소리와
나뭇가지들이 뿔인 양
서로 부딪는 소리 들리고
여인의 눈물까지 내친 연못은
저 멀리 혼자서 온 울음을 운다
뚝뚝 떨어진 마을의 우리는
제 목을 비틀어 가슴에 묻고 있다

차가운 새벽까지 이불을 펴지 않은
수덕여관 방 한가운데
슬픈 화가는 붓을 잡고 여인은 붓끝에서
옷을 벗었다 아무도 잠들지 못했다
그리하여
이야기가 이야기 속으로 들어가 이야기를 배고 나왔다

스님은 계단 위에서
밤새도록 단청에 눈이 먼 달이
수덕사에는 뜨지 않는다고

산 너머까지 등을 날린다

마음만 급한 사람들의 바짓단이 짧아진다
여인의 저고리도 짧아진다.
어린 스님이 서둘러 대님을 매고
빈 하늘 바라보다 다시 발끝을 보다
하루를 걸어서 갔다

업으라면 업겠노라고
안아달라면 안아주겠다던
그 산의 두 젖가슴만 바라보다
소곤대는 이야기에 배가 불러서
허우적거리는 마음은 하늘 한 줌
길에 뿌리고 앉아 있다
그리하여
밟아도 밟아도 푸릇한 길 위로
침묵은 거친 숨소리를 내며 기지개를 켠다

고향을 떠나며

늦은 밤에 돌아오는
술 취한 사람의 눈빛처럼
봄은 오는데
아내는 기차 기다리는
역사의 가로등을 바라보고 있다

동냥젖이라도 먹이려고
낮은 산등성이로 아침은 나비처럼 날아오고
작은 골목길은 낡은 적삼 자락을 들어 올리며
붉은 가슴을 보이고 있다

바람이 갯벌을 이고 왔다고
비릿한 바지게를 내려놓고 있다
오래된 이정표는
여기로 가면 눈빛이 센 문학관이 있다며
새롭게 자리 잡은
안내판이 서로 손가락질을 한다

어제도 아프고 지금도 아파도

내일은 아프지 말라고

돌아선 바람도 봄도 불러보는 고향

자작나무

잃어버린 나라의 가로수는
흰 양말을 신고 있다
백두산 아래 한 때는 우리 땅
어디쯤 비가 오려는지
옥수수밭이 떠들썩하다

세월의 강물 위에서
길 떠나는 것은 내가 아닌 것을
죄인처럼 언덕을 굴러오는 바람에
나도 옥수수잎처럼 떨고 있다

늙은 자작나무는 떠나지 못하는 서러움으로
흰 수건으로 눈을 가린다
오래 사는 것은 죄가 아니다
쉽게 떠나가는 마음이 죄다

잃어버린 나라의 백성인 양
백두산도 이마에 흰 띠를 동여맨다

예산역

산의 끝은 해 넘는 곳이라서
물길도 여기에서 느리다
옛 그림자는 기차를 타고 떠났다
플랫폼에는 불빛이 환해서
누구를 오래도록 기다려
언제부터인가 잠들지 않았다
그래도 사람들은 떠나고
늙은 고향이 하나둘 도착한다
기차는 서울역에 가지 못하고
용산역에서 돌아서 온다
남루한 촌부의 파마가
습관처럼 기웃거리는 대합실
오늘도 오지 않는 사람으로 인해
촉촉한 눈빛 하나가 보따리를 이고
기차를 탄다

아들의 고향

공장 뒤 폐타이어에서 술래잡기하고
땟국물이 줄줄 흐르는 강변을 달려 온
아들의 몸뚱이에서는
죽은 물고기의 비늘이 붙어 있다

그리운 고향
새 소리 들리고 한가로이 물새들이
먹이를 물고 고개를 들던
맑은 하늘이 아득한 그런 고향이었건만

아들은 고향이 그리울 때면 어디로 가나
죽은 도시의 낯선 골목을 헤맬까
고향을 잃어버린 사람은 향수가 없어
아!
내가 지금 너에게 뭔 짓을 하는 거야

아들의 아들은 타워팰리스가 고향이 아니기를
꿈결처럼 들려오는 물소리 바람 소리

달콤한 흙 내음, 바람이 들고 오는 고운 꽃 내음
별빛에 속삭이는 갈대 소리를 기억하는
그런 고향이기를

귀향

핏기 가신 해를 바라보며
하루가 잠기는 천수만 뚝방에 서 있다
몇 마리의 바닷새들이 물결을 쫓아대고
포말은 육지를 향해 긴 혀를 내민다
사마귀처럼 서 있는 먼 섬 근처에
물기둥이 선다

하늘이 마지막으로 닿는 곳
그 바다는 여기 와 쓰러진다
모든 물이 다 바다를 향해 가는 줄 알았는데
바다는 육지를 향해 오는구나

바다는 붉은빛을 서서히 거두어 간다
또 어느 바다에 넘겨주려는 것일까
돌아보면 내 옆으로 풀들이 서 있다
나무들이 서 있고 새들이 그 끝에 앉아 있다
지상의 모든 것들이 서 있다

우리가 하늘을 우러러보는 동안

하늘은 바다를 향하고

바다는 지상을 꿈꾼다

여기서 나는 하늘이었다

나는 바다였다

건축물대장 직권말소 사전통지

사람이 살아야 집이라고
산13번지에는
거미줄 너머로 비를 뿌린다
바람이 제멋대로 밟아버린
벽지에는 몇 개의 낙서가
매달려 있고
작은 거울 뒤에는
그 사람이 서 있다
비가 천장을 통해 들어온다
쥐들이 다니던 길을
물어 왔는지
사람의 냄새보다
더 짙은 냄새가 난다
습작하던 원고지가
사람이 살아야 시가 된다며
깨진 유리창을 막고 선다
사전 통지서를
대문 앞에 던져놓고

집 마당을 벗어나기도 전에

내 바지가 흠뻑 젖어 있다

탱자꽃이 필 때

묵은 햇살이 더 따가운 밭고랑
허리 굽은 할매가 감자를 캔다
하루 종일 고랑을 끌어당기고 있다
밭둑 옆 비스듬 탱자나무의 꽃이
죄스럽게 피어 바라보고 있다

그것도 꽃이라고 벌들이 찾아오고
저녁은 느린 걸음으로 산을 넘어온다
할매는 탱자 꽃이 이쁘다고
호미를 탱자나무 가지에 걸었다
돌아가는 할매가 탱자나무보다 작았다

몰래 숨어 피는 꽃을 보지 않았던
내 젊은 날은 얼마나 화려했던가
이제 감자알 같은 내 삶의 고랑엔
실하지 못한 열매들이 버려져
긴 한숨을 몰아쉬고 있다

저녁이 몇 개의 산을 넘어
오고 가는 사이 나의 허리는 굽을 것이다
탱자는 노랗게 익어갈 것이다
묵은 햇살처럼 나의 남은 여름은
더 뜨거울 것이다

눈 내리는 아침

산13번지에 눈이 내려 논두렁 지워지겠다
산짐승 서넛 찾아왔다 간 아침
흐린 하늘을 헤치고 오느라 늦은 햇살이
서둘러 나뭇가지를 흔들었다
떨어지는 눈덩이에도 멧비둘기 날지 못하고
밥 짓는 내음에 참새들만 처마 끝으로 모여
제 밥도 내놓으라고 소리를 질렀다

그런 날이면 고드름 길게 맺히고
군고구마 먹던 손으로 고드름 뚝 잘라
칼싸움을 했다
누군가 찾아올 일이 없는데 넉가래로 길을 내고
신작로 저편까지 후하고 입김을 뿜어 보았다

겨울에도 보리밥을 먹었던 산골을 떠나
양복에 넥타이를 매고 살았다
이제는 눈을 치우지 않아도 되는 손바닥에
아직도 남아 있는 희미한 굳은살

아 나는 지금도 하얗게 눈이 내리면
그렇게 먹고 싶었던 쌀밥이 떠오른다

기워 신던 양말에 눈이 들어와 발 시린 겨울
모닥불에 녹이다 또 구멍 난 양말
눈 치우던 빗자루에 등짝을 맞아가며
무엇이 그리 좋아 뛰어다니던 눈 내리는 고향
내려놓을 수 없는 그리움

8월의 강

안으로 안으로 흘러드는 강
황진이는 달을 띄우고
윤동주는 별을 건져 올렸다는
차가운 여름의 강이여
바람이 스쳐 물결을 만들면
온종일 내 기다림은 눈이 부시다
가끔은 새들도 앉아 소리를 담기에
귀를 열어 오늘도 건져 보리라
손바닥을 모아 그 강물을 담아 본다
한 줌의 물도 한 방울의 소리도
꿈꾸는 모든 것이 온몸에 젖어 들기를
8월의 강물에게 소리쳐 기도한다
먼 산이 삼키고 남은 하루가 강물에서
붉은 신음을 그리고 지나가면
머뭇거리며 가는 강물을 아직도 바라보는 것은
혹여 걸어 나올지도 모를 너를 기다리는
막연한 기대일 뿐
어느 마을에 강둑이 무너졌다는 소문

지천으로 비가 내려 흙빛 강물이 흐른다는 소문
언제인가 오겠지 하면서
오늘도 안으로 흘러드는 강
또 흘러가는 강을 바라본다
마르고 마른 내 8월의 강이여

가을이 문을 두드릴 때

내포 가는 길 월곡리 신호등에서
차창 옆으로 다가서는 계절
뭉뚝한 가을이었다
붉고 노란 손짓 창백한 머리
어서 가라는 것은 아닌데
서둘러 바람인 양 떠나려는 자세

기다리지 않았다
어슬렁거리며 찾아다녔던 봄
채워도 늘 허전했던 햇살
고구마 줄기처럼 땅에 기대어도
마냥 일어나고 싶었던 세월

사랑도 그리하였다
끝없이 찾아 떠나고 싶었다
다가서는 것인 줄 몰라
지금도 애타는 나의 목마름

월곡리 신호등에서 오는 가을이
슬며시 문을 두드릴 때
모른 척 지나온 시간이
얼마나 쓸쓸했을까
이제 서서히 식어지는 계절이
오고 말 것을 알면서
낙엽 몇 장 앞 유리에 달고 간다

5월이 오기 전에

 까치발로 바라본 들판, 게으른 농부가 뒷짐을 지고 팔자로 걸어가던 길,
 만삭의 여인이 쑥을 캐어 담는 동안, 코를 훌쩍이던 까만 사내아이는 바람개비를 돌렸다, 아득히 불어오던 바람이 지워버린 4월의 들판.

 지워지는 것에 얼마나 더 익숙해져야 새벽 기도처럼 덤덤할까 초록으로 덮어 버린 아쉬움의 갈색 기억들, 지나가 버리는 것에 얼마나 견디어야 꽃이 핀다고 떠들썩한 들판으로 눈길이 가지 않을까, 따뜻해지는 강물 따라 돌아보지 않고 가던 그리운 윤곽.

 함부로 밟아버린 4월을 생각하며, 지난날 내 그림자는 오래도록 쪼그려 앉아 있었고 이마엔 지금도 땀이 흐른다. 사라지는 것이 아니라 덧씌워지는 것이라 위로하면서 얼마 후 드러날 것을 기다리며, 저 강물을 거슬러 올라오는 물고기 한 마리 낚시에 걸어 본다

쑥국과 미나리무침이 숨어 버린 식탁 위에 비닐로 덮어 버린 들판은 시절도 없이 딸기를 내민다. 가야 할 곳을 잃어 버린 기러기 한 마리 내려앉지 못하고
 뿌연 흙먼지가 서둘러 오는 5월을 막고 있다

이팝나무 아래에 서서

푸른색은 배경에 지나지 않는다고
평생을 꽃으로만 살겠다던 사람
모든 꽃이 열매로 사라진다 해도
하얗게 꿈꾸는 기억의 꽃으로 남는 사람

하얀 손가락 같은 꽃잎은 지난날
나의 꿈이 다다르지 못하는 아쉬움으로
다시 나타나곤 했다
잠에서 깨어나면 가슴이 먹먹해졌다

나는 꿈만 꾸고 열매를 맺지 않는 꽃이라
가을이 되면 낙엽만 남기고 갈 것이다
배경 속으로 사라지는 사연을 두고
아무도 알 수 없는 어둠이 되어갈 것이다

낮보다 밤에 더 빛나는 백색의 꽃
이팝나무 아래에 서면
밝은 배경으로 꽃잎을 물고 가는

바람들의 행진

세상이 끌려가고 있다

숲에서 어둠을 만났을 때

저무는 하늘이 붉어,
지는 낙엽도 붉어
돌아보면 모두가 부끄러운 것
숲에서 어둠을 만나기 전에
아!
내 눈도 그렇게 붉어
그대 손에 간지러운 시 한 편을 쥐여 주고
밤처럼 그대를 가두고 싶어라

바닷가에 서서

수평선에 빨래를 걸고
푸른 치마 끝을 펄럭이는 바다
터진 단을 꿰맨 듯 방파제가 있고
항구에는 수처럼 배들이 매여 있다
몇몇의 아낙들이 치마를 들추어
우럭이며 가자미며 세발낙지를 꺼냈다
살점을 발라먹는 동안 바람이 불어
치마는 파도를 만들고 있다
젊은 사내들은 출렁이는 바다로 가고 싶었고
기다림으로 주름진 여인은 다리를 건다
바닷가에 서서
밤이면 바다로 불어 갔다가는
해가 뜨면 돌아오는
바람의 이유를 묻는다

제2부

비와 낙엽

갓길의 손을 잡고 가을이 가는 길목에 서 있었다.
술이나 한잔하자던 비의 손끝이 날카롭다
끝없이 지껄이는 빗방울 소리에 잎파랑이 자리를 뜬다
비는 떠나고 가는 비의 길 갈래가 보이고
그 끝에 출렁이는 바다가 보인다
지난밤 쏟아지던 달빛은 어디로,
그 여름의 초록은 다 어디로
청춘의 달콤한 꿈, 화려함, 오랜 기다림의 차가움, 서러움
이런 것들이 끝없이 갓길 위에 쏟아지고
술은 깊어가고 있다
그리고 남은 갓길의 상처는 낙엽을 덮고 잠이 들었다
술잔 속에 매미 한 마리가 굼벵이처럼 기어다닌다
죽어가는 매미의 마지막 몸부림과 가을과 내가
어딘가에서 모였다 다시 올 것만 같은데
끝내 내가 가는 길은 보이지 않는다
떠난 비와 낙엽과 잠든 갓길과 그리고 나의 시간에
차갑게 이슬이 내리고 있다

찻잔을 들고

손잡이가 동글게 말려 있었다
꽃 그림이 새겨진 찻잔에
마른 향기 한 송이 피어 있었다

뜨거움으로 속을 가득 채우고
후후 불면 뛰쳐나오는 향기
꽃은 제 향기를 품고 졌는가보다
나도 지면 한 잔 가득 향기가 될까

향기로 잔을 들게 만들고
출렁이는 잔 속에 미소가 떨어지고
함부로 마시지 못하는 것이
입안에 맴돌게 한다
나는 나로 채우며 행복했다

진달래가 피려는지 3월은 시끄럽고
몸살이 나를 뜨겁게 한다
빈 잔이 먼발치로 돌아앉아
꽃잎을 따고 있다

후회

하늘이 어두워지고 함부로 뿌려버린
약속같이 눈이 내리려 한다.
그때 맑은 햇살의 얼개에 걸려
나는 끝없이 거리를 걸었다.
밤이 되면 너에게 들려줄 말들을
불빛에 닦아내며 기다리는 동안
반짝이는 언어가 나도 아름다웠다.

뜨거운 초록에 빠지고
쏟아지는 빗방울에 마음을 빼앗기고
나는 눈을 감았다.
머릿속에는 비열한 기름 덩어리
돈다발인 양 붙어 있고
순수라 이름 붙여가는 어리석은
먼지가 쌓여만 갔다.

그러는 동안에도 기다리는 네
웃음을 저울에 달아 보고 흐뭇했다

오늘 같은 날
낙엽을 던지고 돌아가는 네 뒷모습
차가운 바람에 시린 손조차 차마 내밀지 못하였다.

너의 걸음 밑으로 지금도 낙엽이 떨어지고
멀어진 만큼 낙엽 부서지는 소리는
더 크게 들리고 있다.
또다시 하얀 눈송이 쏟아지면
수 없이 흘렸던 약속이 돌아올 것 같아
옷깃을 턴다

첫사랑

시월은 몸살에 걸렸다
몸을 떨던 시끄러운 소문이
엉덩이 밑으로 달려왔다

지는 해보다 더 느린 걸음으로
소문이 건너온 들길을 따라
초점을 버리고 걸어가 본다

막 이를 닦은 상큼한 냄새가 난다
벼 포기 잘린 자리마다
네 입술의 냄새가 난다

울컥 헛구역질이 목젖을 아프게 잡아당기다
네가 내 안으로 들어와 자리 잡았다고
또다시 너를 보내기 위해 얼마나 아파야 할까

아픈 가슴에 손을 대면
가슴을 두들기며 보내달라고 애원하지만

난 한 번도 너를 보내지 못한 채
오늘도 시월의 들판을 거닐고 있다

문신

눈썹이 옅어지는 것은
지은 죄가 많아서
하늘이 내린 형벌이라며
눈썹을 그리던 철쭉꽃보다 붉은 사람

서늘한 하늘이 그 이마에
부딪고 내려와 눈가로 번지면
끝없이 내리는 눈물이 되는 사람

누구도 제 눈썹을 보지 못한다
바라보는 사람에게만 보여주는
눈의 울타리

앞머리를 쓸어 올리며
너를 기다리는 동안 눈썹을 지우고 싶다
그리고 나는 혼자서 눈썹을 그릴 것이다

가버린 너를 또 그리워하는 동안

가슴에 우산처럼 퍼지는

문신 하나가 들어왔다

갈증

물 한 모금 먹기 위해
무릎을 꿇어 본 적 있었다
가슴을 땅에 대고
낮게 그 속삭임을 들어본 적 있었다
마른 입술에 와 닿는
물의 서늘한 정열과 비릿한 내음과
다 드러내놓고 눈 맞추던 조약돌
머리 위에서 슬며시 웃고 있던 구름 한 덩이

손등으로 닦아낸 입술은
한때 꽃잎 떨구는 나뭇가지에
비벼대던 저 산새의 부리를 닮아 가고 있었다
사랑도 그리하였다
손으로 집어 먹을 수 없어
두 손을 모아 마셔도 부족하다고 했다

누군가 놓아준 표주박의 이유다
내 사랑이 진정으로 목마르다고 한다

그리하여 머리부터 부서져도 좋을

사마귀의 구애를 닮아가고 있었다

이별도 그리하였다

사랑이 그리하였던 것처럼

푸른 날개

당신은 슬픔이란 말이 뜨거워
익어가는 몸뚱이를
저 밤 들판에 굴리고
막 돌아온 새벽달이다

그대의 창문을 열면
정원의 배롱나무에는
푸른 영혼들이
가지 끝에 붉은 유혹을 매달고,
슬픔에 젖은 벌레 울음소리
나뭇가지에 매달림을 볼 것이다

가을날의 산기슭에서 찾던
숱한 영혼들의 자유
그들이 깃든 곳은 모두 푸른데
당신 혼자 짐승처럼
무엇이 두려워 눈뜨지 못하는 것인가

하늘로 갔다는 사람과

바다에서 돌아오지 않는 사람과

언덕 위 무덤의 그 사람

영혼의 푸른 날개는

뜨는 아침에 손을 씻고 있다

늙은 일기장

슬픈 것이 뭐 있어 눈가를 훔치겠는가
한 봉지 약을 털어 넣고
오늘 밤만은 뒤척이지 않고 잠들기를 원할 뿐이다
외로울 것이 뭐 있어 창가를 바라보고 있겠는가
아들 내외는 돌아오지 않고
개미처럼 기어오르던
어린 것은 텔레비전 볼륨을 낮추고
제 방으로 들어가 문을 잠근다.

그리울 것이 뭐 있어 한숨짓겠는가
오늘은 꽃처럼 붉던 그때 나를 안고
밤새 잠들지 못하던 사내의 품이 그립다
그리운 날은 멀리 있어 찾아가지 말아야지 하면서
자꾸만 그날이 그리워진다
먼저 가버린 친구는 그렇게 흘러간 날을 그리워했는데
치매라며 아주 어린 날로 돌아가서는 오지 않는다

아침이면 내가 살아 있음에 행복한 것이 아니라

아직도 내 눈이 떠지고 한 편의 시를 읽을 수 있다는 것과
움직이며 하루 동안 무엇인가 할 수 있는 것을
찾아보는 것이 그저 고마울 뿐이다

비가 내리고 창문을 타고 줄줄 흘러내리는 빗물과
그 어둠 안에서 나직하게 불러볼 수 있는 이름 몇 개와
내 관절에서 아프게 일어나는 변치 않는 마음의 나이여
내일 눈뜨지 못하면 어찌하나 속옷도 갈아입어야지
머리도 단정하게 빗고 자야지

황사

하찮은 눈빛은 던지지 말라던
진달래들이 사월의 귓불을 깨물며
제 꽃봉오리를 터트리는 날
어디로든 달려야 하는 지상의 흙먼지
길 없는 하늘을 마구 달리는 흔적이다

가슴에 던져버린 그 사람으로 인해
사월은 꽃이 피는 운명 앓이를 한다
맨발로 가는 당신이 어릿거리는
매운 눈을 비벼가면서

그 사람이 간 곳이 궁금하다는
초로의 하늘을 바라보다
까맣게 타버린 얼굴에 기미가 낀다
얼굴도 보여주지 않고 달려가는
4월은 그 사람 자취만 하늘에 가득하다

기다림

분명한 입술 자국인데
달이라고 한다
눈웃음이라고 하지 않고
달이라고 한다

그대가 벗어 놓은 멍에
빛나도 뜨겁지 못해
달이라 해서
오직 한번 몸을 떨어
부서져도 좋다고 했다

가을아
손목을 비틀지 말아다오
문이 열리면
그믐처럼 네 엉덩이를 차고
나는 또 차가운 밤이 된다

그대의 기침

찬바람에
그대 기침 잦아지겠다
넘기지도 뱉지도 못하는
그리움 거기에 두고
그대의 목에서는
풀벌레 소리가 난다
모순된 배반의 늪에서
기침은 아름답다
얼마나 사무치면 기침을 할까

봄이 눈을 뜰 때

동백의 어깨 위에
봄눈이 뜬다고
바다가 보이는 언덕 위에
마음아, 깃발인 양 휘날리지 말아다오
보리밭에서 바라다보이는 저 산기슭
산수유 꽃눈이
봄눈보다 먼저 뜬다고
마음아, 떠나는 철새인 양 휘파람 불지 마라

굴러오는 바람에 흙먼지 날린다.
아직도 젖은 땅인 줄 알았는데
늙은 촌부처럼 등이 가렵고
걸음이 바람 따라 휘청인다
어디쯤 거친 한 숨소리
그대 그리운 사람

제3부

우울증

바람이 불어서 문은 닫았다
소리는 끝없이 달려와
닫아놓은 문에 와 부딪는다

바람이 떨어진 문밖에 진달래꽃
돌아가라고 재촉하는 까치가 짖고
문풍지는 그 얇은 입술을 떨고 있다

봄바람 불어서 온 들이
웃음으로 떠들썩하건만
나는
온종일 걸어 놓은 빨래처럼
마음의 돛을 올리지 못하고 있다

봄바람 불어서 문을 닫았다
그래도 모래알 같은 마음속으로
스며드는 간지러움이여

백석의 시

백석의 늙은 시집을 읽다가
혀를 깨물었다
시어 하나에 밀려오는 고통
입안 가득했던 침이 마른다
가슴 온통 헛바늘이 돋았다

몸뚱이는 다 버리고
우뚝 솟은 시어가 헛바늘이 된다
마시던 커피가 다 식도록
햇살에 혀를 내밀어본다

아픔보다 먼저 온몸이 굳어온다

밀려들어 가는 혀를 느끼며
침 고이는 입 안쪽이
꾸울꺼억 헛소리를 낸다

돋보기를 벗고

눈이 내게서 멀어져 간다
작은 것들이 어릿거리는
분명치 않은 날들
어제 본 문자가
희미하게 흩어지고
장마가 오기 전 이삿짐을 지고 가는
개미들의 행렬 같은 오늘이 흔들린다
작은 것이 사라지고
큰 것들이 보이기 시작하면
난 이제 생각의 골짜기에서
메아리치는 삶의 문자들
그 현란함으로부터
벗어날 수 있을 것만 같다
눈이 내게서 멀어져 가고
너를 더 가까이 보기 위해
얼굴을 내밀면
눈이 열리기 시작함을 알 것 같다

개구리

졸업식이 끝난 물길
천하게 쓰다 버린 잔물에
아직도 눈을 뜨고 있는 개구리

콘크리트 벽을 타고 흐르던
순한 물들은 지금
하구에 정박한 뱃머리를 흔들고 있을 텐데

봄 한때의 뜨거운 가슴을 못 이겨
뛰어든 수로 안에서
겨우살이 둥지도 틀지 못하는
갈색 개구리 하나

마지막 한번 제대로 울어 보자고
볼 가득하니 바람을 모으는데
소리는 들리지 않고
마른 피부 속으로 햇살이 파고든다

시간 대출

꽃샘추위가 끝나지 않은 침실에
눈 시린 개나리꽃
기다림 어지럽게 펼쳐놓고
귀를 세우고 돌아서
소름 돋는 서늘함을
바늘허리에 매고
보고 싶다 보고 싶다
간절한 꽃에게
잎새가 건네주는
시간 대출

오이꽃

종일 내리는 여름비
텃밭 안쪽에 오이꽃이 피었다
비로 맺은 오이 꼭지가 쓰다며
젊은 아내가 웃었다

목소리에 익지 않은
오이 냄새가 났다
익숙한 장마의 냄새 같았다
우리도 한때는 노랗게 피었다
주먹을 불끈 쥐었다가 펴고
목소리에 금이 가도록 외치기도 했다

아직은 익지 않은 열매
불볕에 설익은 오이 꼭지만
쓴맛이 나는 것이 아니라
물 먹은 우리의 꼭지도 쓰다

오독오독 소름이 돋아 있는
오이가 밥상 위에서 각을 세운다

빈 둥지

마른 갈대숲에서 작은 새 둥지를 발견했다
아직도 따뜻할 것만 같은 어미의 털
가슴의 깃털을 뽑으며 견디는 아픔
맨살에 닿는 알 굴림으로 꾸는 부화

봄은 바람 품어 꽃을 피우고
꽃은 꽃잎을 떨구어 열매를 맺는다
무엇인가를 품고 그만큼 버려야만
가질 수 있는 사랑의 결실
가슴에 깃털이 돋는다

그대에게 전해줄 말을
머릿속으로 생각하는 동안
말이 그렇게 따뜻한 것은
가슴 가득 보드라운 털이 있었는가 보다

말이 깃털이라서
주렁주렁 달고 다니는 눈부심보다

작고 보드라운 속삭임이 좋아서

어미 새 날아간 둥지에

가느다랗게 입김을 불어본다

회초리

어린 달빛이 감 쪼는 재미에
온종일 감나무 끝에 매달려 있다
잎 떨구면 안 된다고
햇살이 야단을 친다
요즘 아이들은 말을 안 듣는다고
요즘 아이들은 철이 없다고
고추밭에서 아낙들이
머릿수건을 고쳐 매며 수군거린다
그래도
감잎이 우수수 떨어지고
달빛을 내려보낸 하늘에선
오늘 밤도 찬 서리가 오겠다
감이 저절로 붉은 것이 아니라
가을 햇살의 회초리를 피해
이리저리 뛰어다니는
어린 달빛으로 익는다

꽃대를 밀어 올릴 때

바람이 물어간 화분의 깨진 모퉁이
뿌리를 드러내는 꼴이 밉다
감추고 덮여야 풍성한 것인 줄 알았는데
수컷처럼 드러낸 뿌리
한쪽으로 치워놓은 그 화분에서
꽃대가 선다
너희가 삶의 어느 한 모퉁이서
처절하게 소리 지를 때
세상의 어디에선가 꽃이 피겠다
낮추어 사는 사람들이
드러나지 않는 풍성한 세상보다
아프게 울어대는 날이
더 아름답다고
가을은 밤바람이 차다

가을밤 안개

짙은 가을밤 속으로
안개가 찾아든다
당신이 곧 온다는 것을 알고 있지만
자꾸만 머릿속을 떠나지 않는
어리석은 조급함이여
구슬픈 영혼의 가두리여
결국 당신의 미소로
나는 얼어버리고 꽃이 될 것을 안다

폭설

눈이 그치지 않는 새벽
도롯가에는 치워지지 못한 눈들이 쌓여 있다
아름다운 것도 쌓이면 추해지는가
내 어디 맵고 짠 것들이 가득해
누군가 허리 숙여 내 가슴속 항아리를
들여다보지 못한다
왜 내 마음도 몰라주냐고
야속한 숨을 쉴 때마다
꼭꼭 닫아 놓은 내 항아리에는
찌든 세월의 냄새가 삭아 든다
언제쯤 항아리를 기울여
젓갈처럼 세상에 양념이 되어질까
잘 버무려진 겉절이만으로
오늘 아침을 때우자

불난 갈대밭

불타는 모습이 보고 싶다는
그 목소리가 포성이 되어
갈대숲에 떨어지면
갈대의 그림자는 물속으로 뛰어든다
언제나 불타야 하는 운명처럼
자신을 바짝 말려 놓고 사는 삶
어디에 뛰어든다고 상처 입지 않으랴
아프지 않으려 물 위에 서럽게 서 있는 갈대
봄은 그 갈대 위에서 뒹군다
그렇게 마구 뒹굴다
강둑을 따라 뛰어가다가는
버드나무 가지 위에서
젖은 몸을 부둥켜안고 있다
버드나무 끝이 열린다
불타지 않는 갈대숲이
비밀인 양 흔들린다
갈대도 뿌리를 연다

제4부

사람이 되고 싶다

오래도록 잠에서 깨어나지 못한다면
그때 숲 그늘에 땀 젖은
물레나물, 골무꽃, 산수국으로 불리고 싶다
그렇게 불리고 싶다

아무 말도 못 하고 쓰러지는 갈대이기보다
작은 바람에도 아우성치는 대숲이라고 불리거나
비가 오면 물이 차고 가뭄에 뺄건 등을 내이며
자작자작 마르는 그런 웅덩이라 불리고 싶다

세상이 쓰러지고 다시 일어나는 것들
소리 낼 수 있는 모든 것들의 가슴이고 싶다
울렁울렁거리는 이름이 되고 싶다

아직도 나에게 미치도록
그리운 이름으로 불러 주는 이가 없기에
새벽 등을 들어 올리고 난 잠에서 깨어난다
별들이 눈을 감는 모습을 본다
흐릿한 별의 자리에 내가 서 있음을 본다

가을이 숨어들 때

닫아놓은 창틈으로
고구마 익는 냄새 들어왔다
돌아본 창밖의 은행나무 끝에
달이 앉아 있어
나지막이
그리운 이름을 불러본다
바라보는 달빛은
그대와 나눠 먹던 반쪽의 고구마
입 안 가득 달콤함으로
오늘도 잠 못 들겠다

겨울 고양이

그릇의 바닥을 핥아온 삶이라서
한 줄기 햇살도 속 털 깊이 넣을 줄 안다
밤이 끝나도록 이 겨울이 끝나도록
발소리 삼켜가며 가야 하는 것이기에
빈 버스정류장 의자에 나는
한 마리 겨울 고양이

밤늦게 돌아온 여인처럼
바람들이 빈 나뭇가지에 목을 맨다
휴지통 속에 구겨진 겨울이 일어서다 쓰러지고
달려오는 차량의 전조등에
나는 길을 건너지 못한다

너와 길 하나를 마주하고 번뜩이는 눈빛만 주고받자
건너고 건너 부둥켜안고
서로가 간직한 따뜻함이야 없으랴만
네 울음도
내 신음도 애절하기는 마찬가지

봄이 올 때까지만

눈 녹는 지붕 아래 고드름처럼 매달리자

네 발톱에 잡힌

생선 가시 하나처럼

첫눈을 기다리며

항상 내가 서 있는 자리에서
바람은 떠나 버렸다
저무는 들판을 지나
영혼의 낙서처럼 어지럽게
달려가는 것은
수줍은 하늘을 날기 위한
준비일 것이다
날이 저물면 바람은
그곳에서 순백의 혼례복을
당신에게 입히고 있을 것이다

바람이 지나간 들판에
저녁노을이 등을 비비고 있다
들판 한구석을 저녁보다
늦은 걸음으로 걸어가는
고양이 한 마리
그런 고양이보다 더 늦은 생각으로
살고 싶어진다

이 땅에 볼을 대고
가랑잎보다 짙은 빛깔로
당신을 기다리고 싶어진다

당신을 기다리는 동안
지난 일은 쉼 없이 떨어져 내린다
기다리는 것은 텅 빈 들판을
바라보는 것이라서
고양이 같은 희망과
바람 같은 그리움이 떠다니며 흐른다
잠들어 가는 저 숱한 영혼들이 헛된
그리움을 다 버리는데

참을 수 없는 행복

사랑하는 것은

참을 수 없는 행복이라서

눈부시게 아름다운

영혼에 매듭을 이어가는 날

가슴이 떨린다

숱한 사람들이 그대들의 행복에 물들어 간다

사랑하는 것은

참을 수 없는 행복이라서

어떤 이는 외로움도 보석처럼 빛나고

어떤 이는 낮은 햇살 속에서 꽃이 되고

어떤 이는 지금도 촉촉한 눈빛으로 축복하나니

살아보라 사랑하는 것 말고는

어떤 것도 삶에 위안이 되지 못한다는 것을 알게 되리라

한때의 고달픔이야

하루해가 뜨고 지는 동안

바람에 흔들리는 나뭇가지의

헝클어진 잎새 같은 것
그대들의 애틋한 사랑은
달콤하게 익어가리니
살아가는 동안 사랑하는 것은
참을 수 없는 행복이어라

언제라도
사랑만으로 살아갈 수 있다는 것을
알고 있기에
우리는 그대들의 언약을 함께 노래하노라
사랑하는 것은
참을 수 없는 행복이라는 것을
우리는 알기에

눈은 아픔의 영혼이다

들짐승처럼 맨발로 눈 위에 서보면
시리고 시려 아픔이 된다
반짝이는 것은 햇살을 튕기는
아픔의 반항이라서
눈 쌓인 들판은 자꾸만 굳어지는 것이구나
그래 눈은 지상의 따뜻함으로
눈물이 되는구나
땅에 기대어 질펀하게
엉엉 우는구나
어린 바위처럼 맨발로 눈 위에 서보면
발아래 눈물이 고인다
내가 아파 우는 것이 아닌데
구름도 없는 하늘에서
몇 송이 눈이 내린다
눈송이 하나를 바라보면
눈인 양 허공에 내가 있다

봄 감기

산이 붉어
밤새도록 산을 먹던 날

날이 채 밝기도 전에
꽃은 가슴에 타고

부서진 바위 조각
목에 걸리어

자꾸만 자꾸만
돌 부딪는 소리가 난다

어쩌다
바위틈에 꽃은 피어나

삭히지도 못하는 이 몸에
불이 붙는가

달개비꽃

청보랏빛 두 개의 다리를 세우고
뱀처럼 혀를 내밀고 있다

두 눈이 산부인과 의사처럼 긴장한다

왔다가는 그냥 가버리더니
무엇이 아까운지 돌아오는
꿀벌 한 마리

그러든지 말든지
달개비꽃은 허공으로
꽃잎을 자꾸만 벌리고 있다

눈을 씻어야겠다고
하늘을 바라보면
구름 사이로 언뜻 비친 하늘이
청보랏빛이다

가을

풍만한 그대의 웃음에
가을이 오는 줄 몰랐다
탁자에 놓인 찻잔
누가 그 향기를 훔쳐 간 것일까
정원의 숲속에서
속삭이는 소리 들리고
뒷담화에 놀란
풀 메뚜기 뛰어나온다
갈색이다
나뭇잎도
얼굴이
화들짝 붉어지는데
취한 척 바람이
여기저기 잠들어 있다
차 한 잔 다 비우기도 전에
커피 향의 가을이 깊었구나

몽둥이 바람

바람도 상처를 만든다
피할 곳 없는 겨울에도
홀로 옷 벗던 나무가
여름 한마당의 바람에
상처를 입는다

생채기는 또 다른 아픔을 잊게 하는 것
습기 머금은 숲의 상처 많은 나무들이
부러진 가지를 건져 올리지 않고
조용히 잎새를 떨구는 까닭이다

생각은 때 없이 일어나는 아픔을
맷돌처럼 으깨고 있다
나무에 등을 대고 바람의 몽둥이를
너와 함께 맞고 싶다
아픔이 잊혀지는 생채기 하나 만들고 싶다

밑동부터 상처로 굳어진 나무

천년도 피하지 않은 채 그 자리
나는 등이 가렵고
떨어진 나뭇잎으로 하늘을 가린
벌레 소리가 자꾸만 커져 간다

풍선

키 작은 아이가
탯줄을 자르듯 풍선을 날린다
풍선의 배꼽이
따라 웃는다

한때
하늘에 등을 대고
설익은 배꼽을 드러내 보이고 싶었다
높은 곳에서 가을처럼
지상의 발끝에
안개처럼 침 튀기고 싶었다

공을 던지면 던진 높이만큼
기도하는 그 처절함도
다 받아줄 듯한 하늘
새들이 더 높이 날지 못하는 것을 보고
내 배꼽은 자꾸만 안으로 안으로 들어간다

다만
아직도 서러운 자가 지상에 무릎을 대고
두 손을 모아 기도하라
그 거룩한 똥침의 자세

봄꽃 눈물

나무는 가지 끝으로 운다
밤안개 속에서 운다
들 빛이 익고 기다림은 끝났다고
나무는 뚝뚝 눈물을 떨군다

쉽게 말라 버리는 것이 눈물이라면
봄꽃도 눈물이다
참 예쁘게도 눈물이 떨어지는구나
이슬이 맺혀 떨어지던 그 자리에서
봄꽃이 피고 또 서둘러지는구나

소리 내어 울 수 없는 것들은
눈물의 끝이 꽃이 되는 것
나는 무엇으로 꽃이 될까
두 눈에 흐르던 눈물이 말라버리면
나의 눈동자 속에도 봄꽃이 피어날까

꽃답게 새들이 운다

꽃다운 햇살이 물갈래 속에서 운다

봄꽃은 쉽게도 지는데

나의 눈물은 마르지 않는다

박새의 봄

삼월도 초순
산기슭 새 한 마리 산벚꽃
빈 가지를 함부로 두드린다
온 힘을 다해 물을 빠는 가지가
파르르 떨고 있다
꽃송이 먼저 돋으려나
부리 닮은 봉오리가 솟는다

철들지 못한 나는 새처럼
산 벚꽃에 귀를 기울여 보는데
물오르는 소리는 들리지 않고
따사한 한 줄기 바람만 귀를 스친다

박새가 기침처럼 울다가
겨우내 깃털에 가두었던 바람
후드득 털며 날아가고

박희영의 시세계

고향 이미지의 변용과 우주적 공간으로서의 숲

서안나

(시인, 문학평론가)

"사람들이 찬미하고 성공했다고 여기는 삶은 한 가지뿐이다. 어째서 우리는 다른 삶들을 희생시켜 가면서까지 어느 한 가지 삶만을 과장하는 것일까?"
— 헨리 데이빗 소로우 저, 한기찬 역, 「숲 생활의 경제학」, 『월든』, 소담출판사, 2022, 27쪽.

1. 13번지의 젖은 영혼과 생태적 상호연결성

박희영 시집 『눈 내리는 아침』은 『그리움의 방정식』에 이어 출간한 두 번째 시집이다. 박희영의 시집 원고를 받고 여러 번 읽었다. 시집의 첫 독자가 되어 시집을 탐독하는 일은 마치 하나의 여행과도 같다. 시란 것이 요물과도 같아, 처음 읽었을 때는 곁을 쉽게 내어주지 않는 법이다. 시를 여러 번 읽을수록 작품들이 지닌 성품을 조금씩 접할 수 있다. 박희영의 시편들은 은은한 향내를 품고 있다. 이 향내와 가장 어울리는 단어가 '고졸古拙'이 아닐까 싶다. 고졸은 "기교는 없으나 예스럽고 소박한 멋이 있는 아름다움"이라는 의미를 지니고 있다. 마치 오래되어 칠이 벗겨진 오래된 절집의 맑은 나뭇결처럼, 시집을 읽는 내내 나의 눈과 손에 마치 향나무 향내 같은 은은한 감정이 묻는다. 그 감정이 지닌 정체는 마치 한여름 오후, 오래된 고향집 툇마루에 앉아 정원에 쏟아지는 햇살을 받는 작고 소중한 것들과의 새로운 만남이라고도 할 수 있을 것이다.

박희영의 시집에서 풍기는 고졸함의 정취에서 만날 수 있는 또 하나의 목소리가 있다. 『월든』의 저자 소로우이다. 소로우는 명저 『월든』에서 자연이 하나의 대상이나 풍경을 이루는 요소가 아니라, 인간과 분리될 수 없는 관계임을 강조하고 있다. 박희영의 시집에서도 다양한 자연 사물들이 등장하는데, 시적 화자에게 삶을 반추하게 하는 대상인 동시에, 인간과의 관계성에서 양자 동일한 가치 비중과 무게감을 지닌 존재로 상정되고 있다. 이는 주체와 타자가 합일하는 심층생태주의적 사유가 시 세계의 바탕을 이루고 있기 때문일 것이다.

박희영 시에서 핵심을 이루는 심층생태주의적 사유는 곧 시인만의 시적 개성으로 발현하고 있다. 인간중심주의로 인한 생태계 파괴라는 전 지구적 현실 문제를 진단하는 동시에, 그 대안책으로 '자연에 귀 기울이기'의 시적 전략을 선보이고 있다. 때문에 박희영의 시집에서 등장하는 "물, 바람, 꽃, 조약돌, 구름, 산새, 나뭇가지" 등 다양한 자연 사물들은 인간의 감정과 긴밀하게 연결되어 있으며, 인간과 상호 영향을 주고받는 '생태적 상호연결성(interconnectedness)'을 보여주고 있다. 이때 시적 화자가 자연과의 소통을 위해 취하는 '자연에 귀 기울이기'는, 인간중심의 기형적 사고방식에서의 이탈을 의미한다. 이를 통한 박희영 시인의 시 세계는 생태시학의 사유를 바탕 삼아 물질문명으로 대표되는 근대에 대한 반성인 동시에 인간중심주의적 사유에서 벗어나 전체적인 사유로의 확장을 시도하고 있다.

2. 아프고 낮은 영혼과 마주하는 방식

늦은 밤에 돌아오는
술 취한 사람의 눈빛처럼

봄은 오는데
아내는 기차 기다리는
역사의 가로등을 바라보고 있다

동냥젖이라도 먹이려고
낮은 산등성이로 아침은 나비처럼 날아오고
작은 골목길은 낡은 적삼 자락을 들어 올리며
붉은 가슴을 보이고 있다

바람이 갯벌을 이고 왔다고
비릿한 바지게를 내려놓고 있다
오래된 이정표는
여기로 가면 눈빛이 센 문학관이 있다며
새롭게 자리 잡은
안내판이 서로 손가락질을 한다

어제도 아프고 지금도 아파도
내일은 아프지 말라고
돌아선 바람도 봄도 불러보는 고향

—「고향을 떠나며」 전문

 전술한 바와 같이 박희영의 시에서 자주 등장하는 핵심 시어가 고향 이미지와 밀접하게 관련되어 있다는 점을 환기할 때, 이는 시인의 고향에 관한 인식 정황을 유추할 수 있다. 「고향을 떠나며」란 시는 시 제목에서도 짐작할 수 있듯, "나"가 고향을 떠나는 상황을 다루고 있다. 시에서 계절적 배경이 온갖 생명이 약동하는 "봄"임에도 불구하고, 나에게 고향은 "술 취한 사람의 눈빛처럼" 흐릿하고 절망적이며 계절적으로는 겨울처럼 암울한 곳이다. 고향은 "어제도 아프고 지금도 아"픈 곳으로, "낡은 적삼 자락을 들어 올리며/ 붉은 가슴을 보"여주는 배고픈 곳이다. 내가 "동냥젖"으로 연명해야 할 만큼 고향은 가난의 표상으로 나타나고 있다. 다음 작품에서 이 결핍의 비극성을 지닌 고향은 "예산역"이란 구체적인 장소성으로 제시되고 있다.

> 산의 끝은 해 넘는 곳이라서
> 물길도 여기에서 느리다
> 옛 그림자는 기차를 타고 떠났다
> 플랫폼에는 불빛이 환해서
> 누구를 오래도록 기다려
> 언제부터인가 잠들지 않았다
> 그래도 사람들은 떠나고
> 늙은 고향이 하나둘 도착한다
> 기차는 서울역에 가지 못하고

용산역에서 돌아서 온다

　　남루한 촌부의 파마가

　　습관처럼 기웃거리는 대합실

　　오늘도 오지 않는 사람으로 인해

　　촉촉한 눈빛 하나가 보따리를 이고

　　기차를 탄다

　　　　　　　　　　　　　　—「예산역」 전문

　「예산역」과 「고향을 떠나며」를 살펴보면, "예산"을 다룬 작품이 더욱더 비극적 이미지가 강하게 묘사되고 있다. 시적 화자의 진술에 의하면 "예산"은 "해 넘는 곳"이며, "물길마저 느려지는 곳"이다. 이 진술에서는 생동감과 유동적 이미지보다, 해의 일몰이 주는 하강의 이미지와 물의 유속이 느려지는 정지의 이미지가 주를 이루고 있다. 뿐만 아니라 하강과 정지 혹은 느림의 이미지 위에 '산으로 첩첩 쌓인' 폐쇄성과 "누구를 오래도록 기다려"도 "옛 그림자"마저 기차를 타고 떠나가 버리는 상실의 공간으로 그려지고 있다.

　　공장 뒤 폐타이어에서 술래잡기하고

　　땟국물이 줄줄 흐르는 강변을 달려 온

　　아들의 몸뚱이에서는

　　죽은 물고기의 비늘이 붙어 있다

그리운 고향

새 소리 들리고 한가로이 물새들이

먹이를 물고 고개를 들던

맑은 하늘이 아득한 그런 고향이었건만

아들은 고향이 그리울 때면 어디로 가나

죽은 도시의 낯선 골목을 헤맬까

고향을 잃어버린 사람은 향수가 없어

아!

내가 지금 너에게 뭔 짓을 하는 거야

아들의 아들은 타워팰리스가 고향이 아니기를

꿈결처럼 들려오는 물소리 바람 소리

달콤한 흙 내음, 바람이 들고 오는 고운 꽃 내음

별빛에 속삭이는 갈대 소리를 기억하는

그런 고향이기를

—「아들의 고향」 전문

「예산역」에서 등장하는 고향이 그리운 이가 부재하고 가난과 상실의 비극성을 배태한 곳이라면, 「아들의 고향」에서 고향은 더욱 황폐화한 곳으로 제시되고 있다. 아들에게 고향이

란 "땟국물이 줄줄 흐르는 강변"과 "공장 뒤 폐타이어에서 술래잡기"를 했던 죽음과 소멸의 공간이라 할 수 있다. "그 강변을 달리며 유년 시절"을 보낸 "아들의 몸뚱이에서는/ 죽은 물고기의 비늘이 붙어 있"을 뿐이다. 아들의 몸에 죽은 물고기의 비늘이 붙어 있다는 신선한 묘사는 박희영 시의 특징 중 하나로, 물질문명과 환경오염으로 파괴되는 현실을 인간과 자연 사물의 결합을 통해 날카롭게 문제제기하고 있다. 이러한 인간과 자연 사물의 그로테스크한 결합 이미지는 자본으로 인해 환경이 파괴되어 결국 인간마저 병들어 가는 현실을 비판적으로 고발하는 생태주의적 사고를 잘 드러내고 있다.

3. 고향 이미지의 변용과 우주적 공간으로서의 숲

> 저무는 하늘이 붉어,
> 지는 낙엽도 붉어
> 돌아보면 모두가 부끄러운 것
> 숲에서 어둠을 만나기 전에
> 아!
> 내 눈도 그렇게 붉어
> 그대 손에 간지러운 시 한 편을 쥐어 주고
> 밤처럼 그대를 가두고 싶어라
> ─「숲에서 어둠을 만났을 때」 전문

이번 박희영 시집의 특징 중 또 다른 하나는, 고향 이미지의 "숲"으로의 확장과 변용에 있다. 시에 반복적으로 등장하는 "숲"은 오염되고 황폐화한 도시와는 결이 다른 곳으로 묘사되고 있다. 숲은 도시와 달리 권력의 위계가 미적용되는 곳이며, 경쟁이나 상호 배척 대신 공존의 미덕을 바탕으로 삼고 있다. 때문에 시적 화자는 "숲"에 도착해서야 주변을 돌아보는 여유를 갖고 삶을 반추하는 기회와 마주하게 된다.

 그리고 시적 화자가 숲에서 마주한 저녁과 어둠 역시 두려움이나 공포가 아닌, 나와 타자와의 관계성을 사유하는 힘을 추동하는 계기로 작동하고 있다. 이를 통해 나는 "부끄러"움을 자각하고 있다. 이때 시적 화자의 부끄러움은, 주체와 타자의 관계성을 인식하고 비로소 인간 중심적(인류중심주의, anthropocentrism) 시각을 탈피하여, 인간과 자연의 상호 의존성을 발견하는 소통의 의지를 발현하고 있다.

  물 한 모금 먹기 위해
  무릎을 꿇어 본 적 있었다
  가슴을 땅에 대고
  낮게 그 속삭임을 들어본 적 있었다
  마른 입술에 와 닿는
  물의 서늘한 정열과 비릿한 내음과
  다 드러내놓고 눈 맞추던 조약돌

머리 위에서 슬며시 웃고 있던 구름 한 덩이

손등으로 닦아낸 입술은
한때 꽃잎 떨구는 나뭇가지에
비벼대던 저 산새의 부리를 닮아 가고 있었다
사랑도 그리하였다
손으로 집어 먹을 수 없어
두 손을 모아 마셔도 부족하다고 했다

누군가 놓아준 표주박의 이유다
내 사랑이 진정으로 목마르다고 한다
그리하여 머리부터 부서져도 좋을
사마귀의 구애를 닮아가고 있었다
이별도 그리하였다
사랑이 그리하였던 것처럼

—「갈증」 전문

눈이 내게서 멀어져 간다
작은 것들이 어릿거리는
분명치 않은 날들
어제 본 문자가
희미하게 흩어지고

장마가 오기 전 이삿짐을 지고 가는

개미들의 행렬 같은 오늘이 흔들린다

작은 것이 사라지고

큰 것들이 보이기 시작하면

난 이제 생각의 골짜기에서

메아리치는 삶의 문자들

그 현란함으로부터

벗어날 수 있을 것만 같다

눈이 내게서 멀어져 가고

너를 더 가까이 보기 위해

얼굴을 내밀면

눈이 열리기 시작함을 알 것 같다

—「돋보기를 벗고」 전문

  시 「갈증」에서 나는 숲에서 갈증을 해소하기 위해 "물 한 모금 먹"으려 하고 있다. 하지만 숲에서 물을 마시기 위해서는 먼저 대지와 몸이 가까워져야 하는 법이다. 시적 화자는 먼저 "무릎을 꿇"고 뒤이어 "가슴을 땅에 대고" 몸을 "낮게" 엎드리고 있다. 마치 수행자가 대지에 온몸을 대고 수행하는 오체투지의 형식에 가깝다 할 수 있다. 이 사소하고 단순한 행위가 경건하고 아름다운 이유는, '사랑'이라는 본질에 닿으려는 의도를 적극 표명하고 있기 때문이다. 또한, 나의 몸을 낮추어 타자를 공경하는 태도인 동시에 나와 주변과의 상호작용이 이루어지는 지점이라 할 수 있다.

"마른 입술에 와닿는/ 물의 서늘한 정열과 비릿한 내음"에서도 곧 자연이 단순한 배경이 아닌, 인간의 감각과 생명에 직접적으로 관여하는 존재임을 발견하고 있다는 징표이다. 자연이 인간의 외부에 위치한 수동적 대상이 아니라, 인간과 상호작용하는 능동적 존재로 인식하는 생태주의적 관점과 맞닿아 있다.

그리고 이러한 시적 정황이 이루어지는 공간적 배경이 "숲"임을 환기할 때, 박희영의 시에서 '숲'은 "돌멩이, 나뭇가지, 산새, 바람, 구름, 꽃" 등이 함께 공존하고 거주하는 상호소통이 가능한 열린 구조를 지닌 특징을 지니고 있다. 시적 화자가 느끼는 갈증은 "내 사랑이 진정으로 목마르다고 한다"와 같이, 타자와의 소통 단절의 상황이며, 나는 숲에 들어서서 '갈증'의 원인을 파악하고 있으며, 이 통찰의 행위는 곧 부끄러움의 자각으로 이어져, 시적 화자의 육체를 낮추는 행위로 발현하고 있다.

시적 화자가 무릎을 꿇고 가슴을 가장 낮은 땅에 대어 자연에 귀 기울이는 겸손의 행위는 이와 같이 '귀 기울이기'라는 육체를 매개로 한 시적 전략으로 타자와 소통하고 더 나아가 자연과의 소통으로까지 확장을 꾀하고 있다. 이처럼 시적 화자의 육체와 대지가 하나가 되는, 자연과의 소통과 합일의 과정이 육체를 매개로 시도되고 있는 점 또한 박희영 시 세계의 특징 중 하나라 할 수 있다.

「돋보기를 벗고」에서도 시적 화자가 돋보기를 벗고 "얼굴을 내밀면"서 비로소 "눈이 열리기 시작함을 알 것 같다"라는 고백적 진술에서도 인간이 자연의 일부이며, 육체를 통해 직접 자연과의 교감을 통해 '큰 것보다 작은 것'에 집중하게 될 때, 비로소 나와 자연의 상호소통이 이루어지고 있음을 알 수 있다.

이와 같이 박희영의 시 세계에서 육체를 매개로 한 '귀 기울이기' 전략은 더 나아가 나를 둘러싼 세계를 구성하는 모든 존재들의 생명의 존귀함과 그 가치를 인식하는 과정이기에 귀한 목소리이다. 땅에 귀를 대면서 자연 세계를 경청하는 태도는 비로소 자연 사물인 타자를 내 안으로 들이는 과정이다. 나의 외부에 포진한 타자를 나라는 주체의 자리로 옮기는 자리바꿈은 비로소 자연과 나가 합일하는 순환론적 세계관을 보여준다. 특히 물을 마신 입술을 손으로 닦으면서 나는 산새의 부리가 되는 주체와 타자가 합일되는 이미지 역시, 나와 타자의 경계가 무화되어 자연과 합일하는 상호연결성의 지점을 보여주고 있다.

산13번지에 눈이 내려 논두렁 지워지겠다
산짐승 서넛 찾아왔다 간 아침

흐린 하늘을 헤치고 오느라 늦은 햇살이
서둘러 나뭇가지를 흔들었다
떨어지는 눈덩이에도 멧비둘기 날지 못하고
밥 짓는 내음에 참새들만 처마 끝으로 모여
제 밥도 내놓으라고 소리를 질렀다

그런 날이면 고드름 길게 맺히고
군고구마 먹던 손으로 고드름 뚝 잘라
칼싸움을 했다
누군가 찾아올 일이 없는데 넉가래로 길을 내고
신작로 저편까지 후하고 입김을 뿜어 보았다

겨울에도 보리밥을 먹었던 산골을 떠나
양복에 넥타이를 매고 살았다
이제는 눈을 치우지 않아도 되는 손바닥에
아직도 남아 있는 희미한 굳은살
아 나는 지금도 하얗게 눈이 내리면
그렇게 먹고 싶었던 쌀밥이 떠오른다

기워 신던 양말에 눈이 들어와 발 시린 겨울
모닥불에 녹이다 또 구멍 난 양말
눈 치우던 빗자루에 등짝을 맞아가며

무엇이 그리 좋아 뛰어다니던 눈 내리는 고향

　　내려놓을 수 없는 그리움

　　　　　　　　　　　―「눈 내리는 아침」 전문

　박희영의 시집에서 심층생태주의적 사유는 '산13번지'가 등장하는 일련의 시편에서 더욱 선명하게 나타나고 있다. '산 13번지'로 표상되는 지번은, 시적 화자의 안온했던 유년 시절의 추억이 고스란히 봉인된 곳이다. 현재 화자가 처한 상황은 자연과 함께 소통하던 고향을 떠나, "양복과 넥타이"로 상징되는 도시의 자본 질서에 편입된 생활을 지속하고 있다. 이때 "양복과 넥타이를" 착용해야만 하는 일상은, 집단의 규칙과 강제성이 적용되고 계층화가 전면화된 곳이다.

　그런데 특이한 점은 시적 화자에게 고향이 가난과 고통을 제공한 공간으로 제시되고 있지만, 반면 숲과 유사한 "산13번지"와 관련한 고향은 유토피아적 속성으로 변용되고 있다는 점이다. "산13번지"에서의 유년 체험이 물질적인 풍요를 제공하지는 않았지만, 인간과 자연이 함께 소통하고 상호공존이 가능한 곳이기 때문이다. 산 13번지에서 맞이했던 눈 내리는 겨울 아침은 "산짐승 서넛 찾아왔다"가고 "멧비둘기"와 "참새"가 찾아와 밥을 내놓으라고 하는 곳이다. 또한 "기워 신던 양말에 눈이 들어와 발 시린 겨울/ 모닥불에 녹이다 또 구멍 난 양말/ 눈 치우던 빗자루에 등짝을 맞아가며/ 무엇이 그리

좋아 뛰어다니던 눈 내리는 고향"이었다.

또한 산13번지에서 맞은 눈 내리는 겨울날, 그 흰 눈은 논두렁을 지우고 더 나아가 마을 사람들의 경제적인 궁핍의 서열마저 가려주며 위로해 주는 곳이다. 이와 같이 산13번지는 '산짐승, 멧비둘기, 참새 심지어 빗자루'까지 상호소통이 가능하고 공존하는 화합의 공간으로 인간과 자연이 함께 소통하고 교감이 가능한 특징을 지닌 곳이다. 이러한 상호관계성은 인간중심주의가 아닌 인간과 자연이 상호소통하는 심층생태주의적 사유의 특징을 잘 보여주고 있다.

> 사람이 살아야 집이라고
> 산13번지에는
> 거미줄 너머로 비를 뿌린다
> 바람이 제멋대로 밟아버린
> 벽지에는 몇 개의 낙서가
> 매달려 있고
> 작은 거울 뒤에는
> 그 사람이 서 있다
> 비가 천장을 통해 들어온다
> 쥐들이 다니던 길을
> 물어 왔는지
> 사람의 냄새보다

더 짙은 냄새가 난다

습작하던 원고지가

사람이 살아야 시가 된다며

깨진 유리창을 막고 선다

사전 통지서를

대문 앞에 던져놓고

집 마당을 벗어나기도 전에

내 바지가 흠뻑 젖어 있다

─「건축물대장 직권말소 사전통지」 전문

「건축물대장 직권말소 사전통지」라는 시에서 등장하는 낡은 집 역시 앞의 시 「눈 내리는 아침」처럼 재생과 생성의 공간으로 파악하는 시인의 인식 정황을 잘 보여주고 있는 작품이다. 시의 내용 중 "직권말소"와 "사전 통지"에서 유추할 수 있듯, "산13번지"는 사람의 거주가 불가능한 곳이다. 흥미로운 점은 박희영 시집에서 "산13번지"라는 지번은 독특한 공간으로 차별화하고 있다. 앞서 살펴본 시에서, 고향이 결핍과 상실의 공간으로 그려진 데 비하여, "산13번지"는 상실의 공간이 아닌 재생의 공간으로 제시되고 있기 때문이다. 이 작품에서도 "산13번지"에 위치한 집은 "건축물대장 직권말소 사전통지"를 고지를 받아 곧 철거될 위기에 처한 곳이다.

시적 화자는 철거되어 사라질 "산13번지"의 빈집을 방문하면서 시가 시작되고 있다. 이미 사람이 살지 않아 유리창이 깨어지고 집 일부가 무너져 내렸으며, 거미줄이 쳐진 낡은 집과 정원이 나를 반길 뿐이다. 나는 낡은 집에 남은 무늬와 얼룩에서 단란하고 웃음기가 넘치던 행복했던 과거의 서사를 되짚어보고 있다. 나는 아쉬움 때문에 쉽게 집을 떠나지 못하고, 낡은 집의 내부와 정원을 걷던 중, 정원의 풀에 맺힌 이슬 때문에 결국 바지까지 다 적시는 상황이다.

그런데 시를 자세히 읽어보면 반전이 숨겨져 있다. 낡은 집의 퇴락한 풍경이 나열되는 속에 뜻밖에 생의 온기와 생동감이 숨어 있기 때문이다. 낡고 부서진 집을 멋대로 들락거리는 "쥐", 쥐가 물어 온 길에서 사람의 냄새보다 더 강렬한 체취를 감각하고 있다. 심지어 비가 새고 바람마저 막을 수 없는 깨어진 유리창을, 시를 습작하던 낡은 원고지가 막아주고 있다. 그러기에 나는 집 마당을 나서기도 전에 바지가 젖고 마는 것이다.

이 지점에서 집은 마치 "숲"처럼 재생의 공간으로 재탄생하고 있다. 시적 화자와 온갖 벌레들과 쥐와 풀씨와 비와 구름과 바람과 낡아버린 사물과 사계절까지 드나드는 그야말로 하나의 확장된 범우주적 공간이라 할 수 있다. 이때 나의 "젖은 바지"는 전술한 "아들의 몸에 죽은 물고기의 비늘이 묻은 것"(「아들의 고향」) 혹은 "산새의 부리가 되어가는"(「갈증」) 과정과 동일한 이미지의 효과를 드러내고 있다.

피폐화하고 황폐화한 집은 효용성으로 따진다면 쓸모없는 집이다. 시를 쓰는 일이나, 시를 썼던 습작지 원고지 역시 쓸모없기는 마찬가지다. 하지만 실제 산13번지의 낡은 집은 무변광대한 하나의 우주로 온갖 생명들이 거주하는 곳이며, 모든 생명이 존귀하지 않은 게 없다. 이곳을 거닐다 정원의 풀에 맺힌 이슬에 "젖은" 나의 "바지"는 나와 자연 사물 간의 결합과 합일 의지를 상징한다. 시적 화자의 젖은 바지가 육체를 매개로 한 시적 전략이며, 사람과 자연이 소통과 상생의 어울림으로 나아가는 상호연결성의 지점이라 할 수 있을 것이다.

  이와 같이 이 작품은 자연 사물들이 낡고 무너진 철거 직전의 집을 풍성한 탄생의 공간으로 역전시키고 있다는 점이 미덕이다. 이 대목에서 하이데거의 "더불어 있음"이라는 구절을 떠올리게 된다. 그는 자연과 세계를 구성하는 객체로 보는 근대적 관점 대신, 모든 존재가 상호 연관되어 있음을 주목하고 이를 강조하고 있다. 박희영의 시집 역시 자연과 인간관계에 집중하고 탐구하며 생태주의 시집의 주요 특징을 선명하게 보여주고 있다. 자연과 인간관계의 탐구와 사유가 이 시집의 **뼈대**를 이루고 있기에, 인간과 자연과의 공존을 탐구하고 인간과 자연의 관계 재정립을 지향하고 있다.

  박희영의 시집에서 유독 고향과 고향을 떠나는 풍경과 자연물 관련한 시어가 많이 등장하는 이유 역시 심층생태주의 사유와 연관이 깊다. "고향을 떠나며" "예산역" "비, 낙엽, 꽃, 바람" 등의 자연물은 시에서 단순한 시적 배경이 아니라, 인간 감정과 철학적 사유를 반영하는 상징물로 기능하고 있다. 특히, 시에 등장하는 "숲"은 타자를 발견하는 동기를 제공하는 곳이며, 동시에 그 관계성으로 부끄러움을 자각하게 한다. 또한, 시에서 숲의 어둠은 성찰을 통해 서로 이해하는 공간으로 등장하고 있다. 때문에 숲과 연관이 깊은 "비, 나뭇잎, 꽃, 바람"과 같은 자연 사물들은 인간의 감정의 깊이와 관계성을 통해 철학적 의미를 반영하는 상징성을 획득하고 있다.

이와 같이 박희영 시인의 시편들은 "산13번지"와 "고향" 등을 통해 피폐화한 고향 현실을 고발하면서, 이에 관한 대안책으로 숲과 육체를 통한 자연에 귀 기울이기를 통해 근대문명에 관한 반성적 태도를 취하고 있다. 반성적 태도는 "숲"이라는 공간을 통해 "부끄러움"의 자각을 추동하고 있다. 시에 자주 등장하는 산 13번지는 곧 황폐화한 고향인 동시에, 시적 화자인 나에게 아픈 상흔을 지닌 곳으로 상정되고 있다. 박희영의 시집에서 주로 나타나는 "고향"은 다양한 상징 혹은 은유로 변주되어 박희영 시인만의 개성적인 시 세계를 형성하고 있다. 특히, 박희영의 시 세계에서 나타나는 '고향'은 현대인들의 피폐화한 불안한 내면 심리와 환경오염으로 파괴된 물질문명을 비판하고 이를 통해 보여주는 생태주의적 근대에 대한 반성적 태도를 지니고 있다.

| 박희영 |

충북 음성 출생. 예덕여고, 예산고등학교 교사를 역임했다. 1998년 『지구문학』을 통해 작품활동을 시작했으며, 시집으로 『그리움의 방정식』이 있다. 한국문인협회 예산지부장을 지냈다.

이메일 : kkii8198@naver.com

현대시 시인선 234
눈 내리는 아침

초판 인쇄 · 2025년 7월 20일
초판 발행 · 2025년 7월 25일
지은이 · 박희영
펴낸이 · 이선희
펴낸곳 · 한국문연
서울 서대문구 증가로29길 12-27, 101호
출판등록 1988년 3월 3일 제3-188호
편집실 | 서울 서대문구 증가로31길 39, 202호
대표전화 302-2717 | 팩스 · 6442-6053
디지털 현대시 www.koreapoem.co.kr
이메일 koreapoem@hanmail.net

ⓒ 박희영 2025
ISBN 978-89-6104-389-2 03810

값 12,000원

* 잘못된 책은 바꾸어 드립니다.